TRANZLATY

Sprache ist für alle da

Taal is vir almal

Die Schöne und das Biest

Skoonheid en die Dier

Gabrielle-Suzanne Barbot de Villeneuve

Deutsch / Afrikaans

Copyright © 2025 Tranzlaty
All rights reserved
Published by Tranzlaty
ISBN: 978-1-80572-000-3
Original text by Gabrielle-Suzanne Barbot de Villeneuve
La Belle et la Bête
First published in French in 1740
Taken from The Blue Fairy Book (Andrew Lang)
Illustration by Walter Crane
www.tranzlaty.com

Es war einmal ein reicher Kaufmann
Daar was eens 'n ryk handelaar
dieser reiche Kaufmann hatte sechs Kinder
hierdie ryk handelaar het ses kinders gehad
Er hatte drei Söhne und drei Töchter
hy het drie seuns en drie dogters gehad
Er hat keine Kosten für ihre Ausbildung gescheut
hy het geen koste vir hul opvoeding ontsien nie
weil er ein vernünftiger Mann war
want hy was 'n man van verstand
aber er gab seinen Kindern viele Diener
maar hy het sy kinders baie diensknegte gegee
seine Töchter waren überaus hübsch
sy dogters was baie mooi
und seine jüngste Tochter war besonders hübsch
en sy jongste dogter was besonder mooi
Schon als Kind wurde ihre Schönheit bewundert
as kind was haar skoonheid reeds bewonder
und die Leute nannten sie nach ihrer Schönheit
en die volk het haar deur haar skoonheid genoem
Ihre Schönheit verblasste nicht, als sie älter wurde
haar skoonheid het nie vervaag soos sy ouer geword het nie
Deshalb nannten die Leute sie weiterhin wegen ihrer Schönheit
daarom het die mense haar deur haar skoonheid bly roep
das machte ihre Schwestern sehr eifersüchtig
dit het haar susters baie jaloers gemaak
Die beiden ältesten Töchter waren sehr stolz
die twee oudste dogters het baie trots gehad
Ihr Reichtum war die Quelle ihres Stolzes
hulle rykdom was die bron van hulle trots
und sie verbargen ihren Stolz nicht
en hulle het ook nie hul trots weggesteek nie
Sie besuchten nicht die Töchter anderer Kaufleute
hulle het nie ander handelaars se dogters besoek nie
weil sie nur mit Aristokraten zusammentreffen

want hulle ontmoet net aristokrasie
Sie gingen jeden Tag zu Partys
hulle het elke dag uitgegaan na partytjies
Bälle, Theaterstücke, Konzerte usw.
balle, toneelstukke, konserte, ensovoorts
und sie lachten über ihre jüngste Schwester
en hulle het vir hul jongste suster gelag
weil sie die meiste Zeit mit Lesen verbrachte
omdat sy die meeste van haar tyd spandeer het aan lees
Es war allgemein bekannt, dass sie reich waren
dit was welbekend dat hulle ryk was
so hielten mehrere bedeutende Kaufleute um ihre Hand an
so het verskeie vooraanstaande handelaars om hul hand gevra
aber sie sagten, sie würden nicht heiraten
maar hulle het gesê hulle gaan nie trou nie
aber sie waren bereit, einige Ausnahmen zu machen
maar hulle was bereid om 'n paar uitsonderings te maak
„Vielleicht könnte ich einen Herzog heiraten"
"Miskien kan ek met 'n hertog trou"
„Ich schätze, ich könnte einen Grafen heiraten"
"Ek dink ek kan met 'n graaf trou"
Schönheit dankte sehr höflich denen, die ihr einen Antrag gemacht hatten
skoonheid het baie beskaafd bedank vir diegene wat aan haar voorgestel het
Sie sagte ihnen, sie sei noch zu jung zum Heiraten
sy het vir hulle gesê sy is nog te jonk om te trou
Sie wollte noch ein paar Jahre bei ihrem Vater bleiben
sy wou nog 'n paar jaar by haar pa bly
Auf einmal verlor der Kaufmann sein Vermögen
Op een slag het die handelaar sy fortuin verloor
er verlor alles außer einem kleinen Landhaus
hy het alles verloor behalwe 'n klein plattelandse huis
und er sagte seinen Kindern mit Tränen in den Augen:
en hy het vir sy kinders met trane in sy oë gesê:
„Wir müssen aufs Land gehen"

"ons moet platteland toe gaan"
„und wir müssen für unseren Lebensunterhalt arbeiten"
"en ons moet werk vir ons lewe"
die beiden ältesten Töchter wollten die Stadt nicht verlassen
die twee oudste dogters wou nie die dorp verlaat nie
Sie hatten mehrere Liebhaber in der Stadt
hulle het verskeie minnaars in die stad gehad
und sie waren sicher, dass einer ihrer Liebhaber sie heiraten würde
en hulle was seker een van hulle minnaars sou met hulle trou
Sie dachten, ihre Liebhaber würden sie heiraten, auch wenn sie kein Vermögen hätten
hulle het gedink dat hul minnaars met hulle sou trou, selfs met geen fortuin nie
aber die guten Damen haben sich geirrt
maar die goeie dames was verkeerd
Ihre Liebhaber verließen sie sehr schnell
hulle minnaars het hulle baie vinnig verlaat
weil sie kein Vermögen mehr hatten
want hulle het geen fortuin meer gehad nie
das zeigte, dass sie nicht wirklich beliebt waren
dit het gewys dat hulle nie eintlik baie geliefd is nie
alle sagten, sie verdienen kein Mitleid
almal het gesê hulle verdien nie om bejammer te word nie
„Wir sind froh, dass ihr Stolz gedemütigt wurde"
"ons is bly om te sien hoe hul trots verneder is"
„Lasst sie stolz darauf sein, Kühe zu melken"
"laat hulle trots wees om koeie te melk"
aber sie waren um Schönheit besorgt
maar hulle was besorg oor skoonheid
sie war so ein süßes Geschöpf
sy was so 'n lieflike wese
Sie sprach so freundlich zu armen Leuten
sy het so vriendelik met arm mense gepraat
und sie war von solch unschuldiger Natur
en sy was van so 'n onskuldige aard

Mehrere Herren hätten sie geheiratet
Verskeie here sou met haar getrou het
Sie hätten sie geheiratet, obwohl sie arm war
hulle sou met haar getrou het al was sy arm
aber sie sagte ihnen, sie könne sie nicht heiraten
maar sy het vir hulle gesê sy kan nie met hulle trou nie
weil sie ihren Vater nicht verlassen wollte
want sy wou nie haar pa verlaat nie
sie war entschlossen, mit ihm aufs Land zu fahren
sy was vasbeslote om saam met hom na die platteland te gaan
damit sie ihn trösten und ihm helfen konnte
sodat sy hom kon troos en help
Die arme Schönheit war zunächst sehr betrübt
Arme skoonheid was aanvanklik baie bedroef
sie war betrübt über den Verlust ihres Vermögens
sy was bedroef oor die verlies van haar fortuin
„Aber Weinen wird mein Schicksal nicht ändern"
"maar om te huil sal nie my lot verander nie"
„Ich muss versuchen, ohne Reichtum glücklich zu sein"
"Ek moet probeer om myself gelukkig te maak sonder rykdom"
Sie kamen zu ihrem Landhaus
hulle het na hul plattelandse huis gekom
und der Kaufmann und seine drei Söhne widmeten sich der Landwirtschaft
en die handelaar en sy drie seuns het hulle op die landbou toegespits
Schönheit stand um vier Uhr morgens auf
skoonheid het om vieruur in die oggend opgestaan
und sie beeilte sich, das Haus zu putzen
en sy het haastig die huis skoongemaak
und sie sorgte dafür, dass das Abendessen fertig war
en sy het seker gemaak aandete is gereed
ihr neues Leben fiel ihr zunächst sehr schwer
aan die begin het sy haar nuwe lewe baie moeilik gevind
weil sie diese Arbeit nicht gewohnt war

omdat sy nie aan sulke werk gewoond was nie
aber in weniger als zwei Monaten wurde sie stärker
maar in minder as twee maande het sy sterker geword
und sie war gesünder als je zuvor
en sy was gesonder as ooit tevore
nachdem sie ihre arbeit erledigt hatte, las sie
nadat sy haar werk gedoen het, het sy gelees
sie spielte Cembalo
sy het op die klavesimbel gespeel
oder sie sang, während sie Seide spann
of sy het gesing terwyl sy sy gespin het
im Gegenteil, ihre beiden Schwestern wussten nicht, wie sie ihre Zeit verbringen sollten
inteendeel, haar twee susters het nie geweet hoe om hul tyd deur te bring nie
Sie standen um zehn auf und taten den ganzen Tag nichts anderes als herumzufaulenzen
hulle het tienuur opgestaan en niks gedoen as om die hele dag te lui nie
Sie beklagten den Verlust ihrer schönen Kleider
hulle het die verlies van hul mooi klere betreur
und sie beklagten sich über den Verlust ihrer Bekannten
en hulle het gekla oor die verlies van hul kennisse
„Schau dir unsere jüngste Schwester an", sagten sie zueinander
"Kyk bietjie na ons jongste suster," sê hulle vir mekaar
„Was für ein armes und dummes Geschöpf sie ist"
"wat 'n arm en dom skepsel is sy nie"
„Es ist gemein, mit so wenig zufrieden zu sein"
"dit is gemeen om met so min tevrede te wees"
der freundliche Kaufmann war ganz anderer Meinung
die vriendelike handelaar was van 'n heel ander mening
er wusste sehr wohl, dass Schönheit ihre Schwestern übertraf
hy het baie goed geweet dat skoonheid haar susters oortref het
Sie übertraf sie sowohl charakterlich als auch geistig

sy het hulle oortref in karakter sowel as verstand
er bewunderte ihre Bescheidenheit und ihre harte Arbeit
hy het haar nederigheid en haar harde werk bewonder
aber am meisten bewunderte er ihre Geduld
maar bowenal het hy haar geduld bewonder
Ihre Schwestern überließen ihr die ganze Arbeit
haar susters het vir haar al die werk gelos om te doen
und sie beleidigten sie ständig
en hulle het haar elke oomblik beledig
Die Familie hatte etwa ein Jahr lang so gelebt
Die gesin het sowat 'n jaar lank so geleef
dann bekam der Kaufmann einen Brief von einem Buchhalter
toe kry die handelaar 'n brief van 'n rekenmeester
er hatte in ein Schiff investiert
hy het 'n belegging in 'n skip gehad
und das Schiff war sicher angekommen
en die skip het veilig aangekom
diese Nachricht ließ die beiden ältesten Töchter staunen
hierdie nuus het die twee oudste dogters se koppe laat draai
Sie hatten sofort die Hoffnung, in die Stadt zurückzukehren
hulle het dadelik hoop gehad om terug te keer dorp toe
weil sie des Landlebens überdrüssig waren
want hulle was nogal moeg vir die plattelandse lewe
Sie gingen zu ihrem Vater, als er ging
hulle het na hul pa gegaan toe hy weg was
Sie baten ihn, ihnen neue Kleider zu kaufen
hulle het hom gesmeek om vir hulle nuwe klere te koop
Kleider, Bänder und allerlei Kleinigkeiten
rokke, linte, en allerhande klein dingetjies
aber die Schönheit verlangte nichts
maar skoonheid het niks gevra nie
weil sie dachte, das Geld würde nicht reichen
omdat sy gedink het die geld gaan nie genoeg wees nie
es würde nicht reichen, um alles zu kaufen, was ihre Schwestern wollten

daar sou nie genoeg wees om alles te koop wat haar susters wou hê nie
„Was möchtest du, Schönheit?", fragte ihr Vater
"Wat wil jy hê, skoonheid?" vra haar pa
"Danke, Vater, dass du so nett bist, an mich zu denken", sagte sie
"dankie, vader, vir die goedheid om aan my te dink," het sy gesê
„Vater, sei so freundlich und bring mir eine Rose mit"
"Vader, wees so vriendelik om vir my 'n roos te bring"
„weil hier im Garten keine Rosen wachsen"
"want hier groei geen rose in die tuin nie"
„und Rosen sind eine Art Rarität"
"en rose is 'n soort rariteit"
Schönheit mochte Rosen nicht wirklich
skoonheid het nie regtig vir rose omgegee nie
sie bat nur um etwas, um ihre Schwestern nicht zu verurteilen
sy het net vir iets gevra om nie haar susters te veroordeel nie
aber ihre Schwestern dachten, sie hätte aus anderen Gründen nach Rosen gefragt
maar haar susters het gedink sy vra vir rose om ander redes
„Sie hat es nur getan, um besonders auszusehen"
"Sy het dit net gedoen om besonders te lyk"
Der freundliche Mann machte sich auf die Reise
Die gawe man het op sy reis gegaan
aber als er ankam, stritten sie über die Ware
maar toe hy daar aankom, het hulle oor die handelsware gestry
und nach viel Ärger kam er genauso arm zurück wie zuvor
en na baie moeilikheid het hy teruggekom so arm soos voorheen
er war nur ein paar Stunden von seinem eigenen Haus entfernt
hy was binne 'n paar uur van sy eie huis af
und er stellte sich schon die Freude vor, seine Kinder zu

sehen
en hy het hom reeds die vreugde verbeel om sy kinders te sien
aber als er durch den Wald ging, verirrte er sich
maar toe hy deur die bos gaan, het hy verdwaal
es hat furchtbar geregnet und geschneit
dit het vreeslik gereën en gesneeu
der Wind war so stark, dass er ihn vom Pferd warf
die wind was so sterk dat dit hom van sy perd af gegooi het
und die Nacht kam schnell
en die nag het vinnig gekom
er begann zu glauben, er müsse verhungern
hy het begin dink dat hy dalk honger ly
und er dachte, er könnte erfrieren
en hy het gedink dat hy sou doodvries
und er dachte, Wölfe könnten ihn fressen
en hy het gedink wolwe mag hom eet
die Wölfe, die er um sich herum heulen hörte
die wolwe wat hy rondom hom hoor huil het
aber plötzlich sah er ein Licht
maar skielik het hy 'n lig gesien
er sah das Licht in der Ferne durch die Bäume
hy het die lig op 'n afstand deur die bome gesien
als er näher kam, sah er, dass das Licht ein Palast war
toe hy nader kom sien hy die lig is 'n paleis
der Palast war von oben bis unten beleuchtet
die paleis was van bo na onder verlig
Der Kaufmann dankte Gott für sein Glück
die handelaar het God gedank vir sy geluk
und er eilte zum Palast
en hy het hom na die paleis gehaas
aber er war überrascht, keine Leute im Palast zu sehen
maar hy was verbaas om geen mense in die paleis te sien nie
der Hof war völlig leer
die binnehof was heeltemal leeg
und nirgendwo ein Lebenszeichen
en daar was nêrens teken van lewe nie

sein Pferd folgte ihm in den Palast
sy perd het hom in die paleis gevolg
und dann fand sein Pferd großen Stall
en toe kry sy perd groot stal
das arme Tier war fast verhungert
die arme dier was amper uitgehonger
also ging sein Pferd hinein, um Heu und Hafer zu finden
daarom het sy perd ingegaan om hooi en hawer te vind
zum Glück fand er reichlich zu essen
gelukkig het hy genoeg te ete gekry
und der Kaufmann band sein Pferd an die Krippe
en die handelaar het sy perd aan die krip vasgemaak
Als er zum Haus ging, sah er niemanden
na die huis toe gestap het, het hy niemand gesien nie
aber in einer großen Halle fand er ein gutes Feuer
maar in 'n groot saal het hy 'n goeie vuur gekry
und er fand einen Tisch für eine Person gedeckt
en hy het 'n tafel gekry wat vir een gedek is
er war nass vom Regen und Schnee
hy was nat van die reën en sneeu
Also ging er zum Feuer, um sich abzutrocknen
daarom het hy naby die vuur gegaan om hom af te droog
„Ich hoffe, der Hausherr entschuldigt mich"
"Ek hoop die eienaar van die huis sal my verskoon"
„Ich schätze, es wird nicht lange dauern, bis jemand auftaucht."
"Ek veronderstel dit sal nie lank neem vir iemand om te verskyn nie"
Er wartete eine beträchtliche Zeit
Hy het 'n geruime tyd gewag
er wartete, bis es elf schlug, und noch immer kam niemand
hy het gewag totdat dit elf slaan, en steeds het niemand gekom nie
Schließlich war er so hungrig, dass er nicht länger warten konnte
uiteindelik was hy so honger dat hy nie meer kon wag nie

er nahm ein Hühnchen und aß es in zwei Bissen
hy het 'n hoender gevat en dit in twee mondevol geëet
er zitterte beim Essen
hy het gebewe terwyl hy die kos geëet het
danach trank er ein paar Gläser Wein
hierna het hy 'n paar glase wyn gedrink
Er wurde mutiger und verließ den Saal
moediger word hy uit die saal
und er durchquerte mehrere große Hallen
en hy is deur verskeie groot sale
Er ging durch den Palast, bis er in eine Kammer kam
hy het deur die paleis gestap totdat hy in 'n kamer gekom het
eine Kammer, in der sich ein überaus gutes Bett befand
'n kamer waarin 'n buitengewone goeie bed was
er war von der Tortur sehr erschöpft
hy was baie moeg van sy beproewing
und es war schon nach Mitternacht
en die tyd was al oor middernag
also beschloss er, dass es das Beste sei, die Tür zu schließen
daarom het hy besluit dit is die beste om die deur toe te maak
und er beschloss, dass er zu Bett gehen sollte
en hy het tot die gevolgtrekking gekom hy moet gaan slaap
Es war zehn Uhr morgens, als der Kaufmann aufwachte
Dit was tien die oggend toe die handelaar wakker word
gerade als er aufstehen wollte, sah er etwas
net toe hy gaan opstaan, sien hy iets
er war erstaunt, saubere Kleidung zu sehen
hy was verbaas om 'n skoon stel klere te sien
an der Stelle, wo er seine schmutzigen Kleider zurückgelassen hatte
op die plek waar hy sy vuil klere gelos het
"Mit Sicherheit gehört dieser Palast einer netten Fee"
"Sekerlik behoort hierdie paleis aan een of ander soort fee"
„eine Fee, die mich gesehen und bemitleidet hat"
"'n Feetjie wat my gesien en jammer gekry het"
er sah durch ein Fenster

hy kyk deur 'n venster
aber statt Schnee sah er den herrlichsten Garten
maar in plaas van sneeu het hy die heerlikste tuin gesien
und im Garten waren die schönsten Rosen
en in die tuin was die mooiste rose
dann kehrte er in die große Halle zurück
hy is toe terug na die groot saal
der Saal, in dem er am Abend zuvor Suppe gegessen hatte
die saal waar hy die vorige aand sop gehad het
und er fand etwas Schokolade auf einem kleinen Tisch
en hy het 'n bietjie sjokolade op 'n tafeltjie gekry
„Danke, liebe Frau Fee", sagte er laut
"Dankie, goeie Madam Fairy," sê hy hardop
„Danke für Ihre Fürsorge"
"dankie dat jy so omgee"
„Ich bin Ihnen für all Ihre Gefälligkeiten äußerst dankbar"
"Ek is uiters verplig teenoor jou vir al jou guns"
Der freundliche Mann trank seine Schokolade
die gawe man het sy sjokolade gedrink
und dann ging er sein Pferd suchen
en toe gaan soek hy sy perd
aber im Garten erinnerte er sich an die Bitte der Schönheit
maar in die tuin onthou hy skoonheid se versoek
und er schnitt einen Rosenzweig ab
en hy het 'n takkie rose afgesny
sofort hörte er ein lautes Geräusch
dadelik het hy 'n groot geluid gehoor
und er sah ein furchtbar furchtbares Tier
en hy het 'n verskriklike vreeslike dier gesien
er war so erschrocken, dass er kurz davor war, ohnmächtig zu werden
hy was so bang dat hy gereed was om flou te word
„Du bist sehr undankbar", sagte das Tier zu ihm
"Jy is baie ondankbaar," sê die dier vir hom
und das Tier sprach mit schrecklicher Stimme
en die dier het met 'n vreeslike stem gepraat

„Ich habe dein Leben gerettet, indem ich dich in mein Schloss gelassen habe"
"Ek het jou lewe gered deur jou in my kasteel toe te laat"
"und dafür stiehlst du mir im Gegenzug meine Rosen?"
"en hiervoor steel jy my rose in ruil daarvoor?"
„Die Rosen sind für mich mehr wert als alles andere"
"Die rose wat ek bo alles waardeer"
„Aber du wirst für das, was du getan hast, sterben"
"maar jy sal sterf vir wat jy gedoen het"
„Ich gebe Ihnen nur eine Viertelstunde, um sich vorzubereiten"
"Ek gee jou net 'n kwartier om jouself voor te berei"
„Bereiten Sie sich auf den Tod vor und sprechen Sie Ihre Gebete"
"maak jouself gereed vir die dood en bid jou gebede"
der Kaufmann fiel auf die Knie
die handelaar het op sy knieë geval
und er hob beide Hände
en hy het albei sy hande opgehef
„Mein Herr, ich flehe Sie an, mir zu vergeben"
"My heer, ek smeek U om my te vergewe"
„Ich hatte nicht die Absicht, Sie zu beleidigen"
"Ek was nie van plan om jou te beledig nie"
„Ich habe für eine meiner Töchter eine Rose gepflückt"
"Ek het 'n roos vir een van my dogters bymekaargemaak"
„Sie bat mich, ihr eine Rose mitzubringen"
"Sy het my gevra om vir haar 'n roos te bring"
„Ich bin nicht euer Herr, sondern ein Tier", antwortete das Monster
"Ek is nie jou heer nie, maar ek is 'n dier," antwoord die monster
„Ich mag keine Komplimente"
"Ek hou nie van komplimente nie"
„Ich mag Menschen, die so sprechen, wie sie denken"
"Ek hou van mense wat praat soos hulle dink"
„glauben Sie nicht, dass ich durch Schmeicheleien bewegt

werden kann"
"Moenie dink ek kan deur vleiery ontroer word nie"
„Aber Sie sagen, Sie haben Töchter"
"Maar jy sê jy het dogters"
„Ich werde dir unter einer Bedingung vergeben"
"Ek sal jou vergewe op een voorwaarde"
„Eine deiner Töchter muss freiwillig in meinen Palast kommen"
"een van jou dogters moet gewillig na my paleis kom"
"und sie muss für dich leiden"
"en sy moet vir jou ly"
„Gib mir Dein Wort"
"Laat my jou woord sê"
„Und dann können Sie Ihren Geschäften nachgehen"
"en dan kan jy aangaan met jou besigheid"
„Versprich mir das:"
"Belowe my dit:"
„Wenn Ihre Tochter sich weigert, für Sie zu sterben, müssen Sie innerhalb von drei Monaten zurückkehren"
"As jou dogter weier om vir jou te sterf, moet jy binne drie maande terugkom."
der Kaufmann hatte nicht die Absicht, seine Töchter zu opfern
die handelaar was nie van plan om sy dogters te offer nie
aber da ihm Zeit gegeben wurde, wollte er seine Töchter noch einmal sehen
maar, aangesien hy tyd gegun is, wou hy weer sy dogters sien
also versprach er, dass er zurückkehren würde
daarom het hy belowe hy sal terugkeer
und das Tier sagte ihm, er könne aufbrechen, wann er wolle
en die dier het vir hom gesê dat hy kon vertrek wanneer hy wou
und das Tier erzählte ihm noch etwas
en die dier het hom nog een ding vertel
„Du sollst nicht mit leeren Händen gehen"
"jy mag nie met leë hande weggaan nie"

„Geh zurück in das Zimmer, in dem du lagst"
"gaan terug na die kamer waar jy gelê het"
„Sie werden eine große leere Schatzkiste sehen"
"jy sal 'n groot leë skatkis sien"
„Fülle die Schatzkiste mit allem, was Dir am besten gefällt"
"vul die skatkis met wat jy ook al die lekkerste hou"
„und ich werde die Schatzkiste zu Dir nach Hause schicken"
"en ek sal die skatkis na jou huis toe stuur"
und gleichzeitig zog sich das Tier zurück
en terselfdertyd het die dier teruggetrek
„Nun", sagte sich der gute Mann
"Wel," sê die goeie man vir homself
„Wenn ich sterben muss, werde ich meinen Kindern wenigstens etwas hinterlassen"
"as ek moet sterf, sal ek ten minste iets aan my kinders oorlaat"
so kehrte er ins Schlafzimmer zurück
daarom het hy teruggegaan na die slaapkamer
und er fand sehr viele Goldstücke
en hy het 'n groot klomp stukke goud gevind
er füllte die Schatzkiste, die das Tier erwähnt hatte
hy het die skatkis gevul wat die dier genoem het
und er holte sein Pferd aus dem Stall
en hy het sy perd uit die stal gehaal
die Freude, die er beim Betreten des Palastes empfand, war nun genauso groß wie die Trauer, die er beim Verlassen des Palastes empfand
die vreugde wat hy gevoel het toe hy die paleis binnegegaan het, was nou gelyk aan die hartseer wat hy gevoel het om dit te verlaat
Das Pferd nahm einen der Wege im Wald
die perd het een van die paaie van die woud gevat
und in wenigen Stunden war der gute Mann zu Hause
en oor 'n paar uur was die goeie man tuis
seine Kinder kamen zu ihm
sy kinders het na hom toe gekom
aber anstatt ihre Umarmungen mit Freude

entgegenzunehmen, sah er sie an
maar in plaas daarvan om hulle omhelsings met plesier te ontvang, het hy na hulle gekyk
er hielt den Ast hoch, den er in den Händen hielt
hy het die tak wat hy in sy hande gehad het omhoog gehou
und dann brach er in Tränen aus
en toe bars hy in trane uit
„Schönheit", sagte er, „nimm bitte diese Rosen"
"skoonheid," het hy gesê, "neem asseblief hierdie rose"
„Sie können nicht wissen, wie teuer diese Rosen waren"
"Jy kan nie weet hoe duur hierdie rose was nie"
„Diese Rosen haben deinen Vater das Leben gekostet"
"hierdie rose het jou pa sy lewe gekos"
und dann erzählte er von seinem tödlichen Abenteuer
en toe vertel hy van sy noodlottige avontuur
Sofort schrien die beiden ältesten Schwestern
dadelik het die twee oudste susters uitgeroep
und sie sagten viele gemeine Dinge zu ihrer schönen Schwester
en hulle het baie slegte dinge vir hulle pragtige suster gesê
aber die Schönheit weinte überhaupt nicht
maar skoonheid het glad nie gehuil nie
„Seht euch den Stolz dieses kleinen Schurken an", sagten sie
"Kyk na die trots van daardie klein ellendeling," sê hulle
„Sie hat nicht nach schönen Kleidern gefragt"
"sy het nie vir mooi klere gevra nie"
„Sie hätte tun sollen, was wir getan haben"
"sy moes gedoen het wat ons gedoen het"
„Sie wollte sich hervortun"
"sy wou haarself onderskei"
„so wird sie nun den Tod unseres Vaters bedeuten"
"so nou sal sy die dood van ons vader wees"
„und doch vergießt sie keine Träne"
"en tog pik sy nie 'n traan nie"
"Warum sollte ich weinen?", antwortete die Schönheit

"Hoekom moet ek huil?" het skoonheid geantwoord
„Weinen wäre völlig unnötig"
"huil sou baie onnodig wees"
„Mein Vater wird nicht für mich leiden"
"my pa sal nie vir my ly nie"
„Das Monster wird eine seiner Töchter akzeptieren"
"die monster sal een van sy dogters aanvaar"
„Ich werde mich seiner ganzen Wut aussetzen"
"Ek sal myself aan al sy grimmigheid oordra"
„Ich bin sehr glücklich, denn mein Tod wird das Leben meines Vaters retten"
"Ek is baie bly, want my dood sal my pa se lewe red"
„Mein Tod wird ein Beweis meiner Liebe sein"
"my dood sal 'n bewys van my liefde wees"
„Nein, Schwester", sagten ihre drei Brüder
"Nee, suster," sê haar drie broers
„das darf nicht sein"
"dit sal nie wees nie"
„Wir werden das Monster finden"
"ons sal die monster gaan soek"
"und entweder wir werden ihn töten..."
"en óf ons sal hom doodmaak ..."
„... oder wir werden bei dem Versuch umkommen"
"... of ons sal vergaan in die poging"
„Stellt euch nichts dergleichen vor, meine Söhne", sagte der Kaufmann
"Moenie jou so iets voorstel nie, my seuns," sê die handelaar
„Die Kraft des Biests ist so groß, dass ich keine Hoffnung habe, dass Ihr es besiegen könntet."
"Die dier se krag is so groot dat ek geen hoop het dat jy hom kan oorwin nie"
„Ich bin entzückt von dem freundlichen und großzügigen Angebot der Schönheit"
"Ek is bekoor met skoonheid se vriendelike en vrygewige aanbod"
„aber ich kann ihre Großzügigkeit nicht annehmen"

"maar ek kan nie haar vrygewigheid aanvaar nie"
„**Ich bin alt und habe nicht mehr lange zu leben**"
"Ek is oud, en ek het nie lank om te lewe nie"
„**also kann ich nur ein paar Jahre verlieren**"
"so ek kan net 'n paar jaar verloor"
„**Zeit, die ich für euch bereue, meine lieben Kinder**"
"tyd waaroor ek spyt is vir julle, my liewe kinders"
„**Aber Vater**", sagte die Schönheit
"Maar pa," sê skoonheid
„**Du sollst nicht ohne mich in den Palast gehen**"
"Jy mag nie na die paleis gaan sonder my nie"
„**Du kannst mich nicht davon abhalten, dir zu folgen**"
"Jy kan my nie keer om jou te volg nie"
nichts könnte Schönheit vom Gegenteil überzeugen
niks kon skoonheid anders oortuig nie
Sie bestand darauf, in den schönen Palast zu gehen
sy het aangedring om na die fyn paleis te gaan
und ihre Schwestern waren erfreut über ihre Beharrlichkeit
en haar susters was verheug oor haar aandrang
Der Kaufmann war besorgt bei dem Gedanken, seine Tochter zu verlieren
Die handelaar was bekommerd oor die gedagte om sy dogter te verloor
er war so besorgt, dass er die Truhe voller Gold vergessen hatte
hy was so bekommerd dat hy vergeet het van die kis vol goud
Abends begab er sich zur Ruhe und schloss die Tür seines Zimmers.
in die nag het hy teruggetrek om te rus, en hy het sy kamerdeur toegemaak
Dann fand er zu seinem großen Erstaunen den Schatz neben seinem Bett.
toe vind hy tot sy groot verbasing die skat langs sy bed
er war entschlossen, es seinen Kindern nicht zu erzählen
hy was vasbeslote om dit nie vir sy kinders te vertel nie
Wenn sie es gewusst hätten, wären sie in die Stadt

zurückgekehrt
as hulle geweet het, sou hulle wou terugkeer dorp toe
und er war entschlossen, das Land nicht zu verlassen
en hy was vasbeslote om nie die platteland te verlaat nie
aber er vertraute der Schönheit das Geheimnis
maar hy het skoonheid met die geheim vertrou
Sie teilte ihm mit, dass zwei Herren gekommen seien
sy het hom meegedeel dat twee here gekom het
und sie machten ihren Schwestern einen Heiratsantrag
en hulle het aan haar susters voorstelle gemaak
Sie bat ihren Vater, ihrer Heirat zuzustimmen
sy het haar pa gesmeek om in te stem tot hul huwelik
und sie bat ihn, ihnen etwas von seinem Vermögen zu geben
en sy het hom gevra om vir hulle van sy fortuin te gee
sie hatte ihnen bereits vergeben
sy het hulle reeds vergewe
Die bösen Kreaturen rieben ihre Augen mit Zwiebeln
die goddelose wesens het hul oë met uie gevryf
um beim Abschied von der Schwester ein paar Tränen zu vergießen
om 'n paar trane te dwing toe hulle met hul suster geskei het
aber ihre Brüder waren wirklich besorgt
maar haar broers was regtig bekommerd
Schönheit war die einzige, die keine Tränen vergoss
skoonheid was die enigste een wat geen trane gestort het nie
sie wollte ihr Unbehagen nicht vergrößern
sy wou nie hul onrustigheid vermeerder nie
Das Pferd nahm den direkten Weg zum Palast
die perd het die direkte pad na die paleis geneem
und gegen Abend sahen sie den erleuchteten Palast
en teen die aand het hulle die verligte paleis gesien
das Pferd begab sich wieder in den Stall
die perd het homself weer in die stal geneem
und der gute Mann und seine Tochter gingen in die große Halle

en die goeie man en sy dogter het in die groot saal ingegaan
hier fanden sie einen herrlich gedeckten Tisch
hier kry hulle 'n tafel wat pragtig opgedien is
der Kaufmann hatte keinen Appetit zu essen
die handelaar het geen eetlus gehad nie
aber die Schönheit bemühte sich, fröhlich zu erscheinen
maar skoonheid het probeer om vrolik te voorkom
sie setzte sich an den Tisch und half ihrem Vater
sy gaan sit by die tafel en help haar pa
aber sie dachte auch bei sich:
maar sy het ook by haarself gedink:
„Das Biest will mich sicher mästen, bevor es mich frisst"
"bees wil my sekerlik vetmaak voor hy my eet"
„deshalb sorgt er für so viel Unterhaltung"
"dit is hoekom hy so volop vermaak verskaf"
Nachdem sie gegessen hatten, hörten sie ein großes Geräusch
nadat hulle geëet het, het hulle 'n groot geluid gehoor
und der Kaufmann verabschiedete sich mit Tränen in den Augen von seinem unglücklichen Kind
en die handelaar het met trane in sy oë van sy ongelukkige kind afskeid geneem
weil er wusste, dass das Biest kommen würde
want hy het geweet die dier kom
Die Schönheit war entsetzt über seine schreckliche Gestalt
skoonheid was verskrik oor sy aaklige vorm
aber sie nahm ihren Mut zusammen, so gut sie konnte
maar sy het moed gevat so goed sy kon
und das Monster fragte sie, ob sie freiwillig mitkäme
en die monster het haar gevra of sy gewillig kom
"ja, ich bin freiwillig gekommen", sagte sie zitternd
"Ja, ek het gewillig gekom," sê sy bewend
Das Tier antwortete: „Du bist sehr gut"
die dier het geantwoord: "Jy is baie goed"
„und ich bin Ihnen zu großem Dank verpflichtet, ehrlicher Mann"

"en ek is baie verplig teenoor jou, eerlike man"
„Geht morgen früh eure Wege"
"gaan môre oggend jou weë"
„aber denk nie daran, wieder hierher zu kommen"
"maar moet nooit daaraan dink om weer hierheen te kom nie"
„Lebe wohl, Schönheit, lebe wohl, Biest", antwortete er
"Vaarwel skoonheid, vaarwel dier," antwoord hy
und sofort zog sich das Monster zurück
en dadelik het die monster teruggetrek
"Oh, Tochter", sagte der Kaufmann
"O, dogter," sê die handelaar
und er umarmte seine Tochter noch einmal
en hy het sy dogter weer omhels
„Ich habe fast Todesangst"
"Ek is amper doodbang"
„glauben Sie mir, Sie sollten lieber zurückgehen"
"glo my, jy moet beter teruggaan"
„Lass mich hier bleiben, statt dir"
"laat ek hier bly, in plaas van jou"
„Nein, Vater", sagte die Schönheit entschlossen
"Nee, pa," sê skoonheid, in 'n vasberade toon
„Du sollst morgen früh aufbrechen"
"jy sal môreoggend vertrek"
„überlasse mich der Obhut und dem Schutz der Vorsehung"
"laat my oor aan die sorg en beskerming van die voorsienigheid"
trotzdem gingen sie zu Bett
nietemin het hulle gaan slaap
Sie dachten, sie würden die ganze Nacht kein Auge zutun
hulle het gedink hulle sal nie die hele nag hul oë toemaak nie
aber als sie sich hinlegten, schliefen sie ein
maar net toe hulle gaan lê het, het hulle geslaap
Die Schönheit träumte, eine schöne Dame kam und sagte zu ihr:
skoonheid het gedroom 'n goeie vrou kom en sê vir haar:
„Ich bin zufrieden, Schönheit, mit deinem guten Willen"

"Ek is tevrede, skoonheid, met jou goeie wil"
„Diese gute Tat von Ihnen wird nicht unbelohnt bleiben"
"hierdie goeie daad van jou sal nie onbeloning bly nie"
Die Schöne erwachte und erzählte ihrem Vater ihren Traum
skoonheid het wakker geword en vir haar pa haar droom vertel
der Traum tröstete ihn ein wenig
die droom het gehelp om hom 'n bietjie te troos
aber er konnte nicht anders, als bitterlich zu weinen, als er ging
maar hy kon nie help om bitterlik te huil toe hy weggaan nie
Sobald er weg war, setzte sich Schönheit in die große Halle und weinte ebenfalls
sodra hy weg is, het skoonheid in die groot saal gaan sit en ook gehuil
aber sie beschloss, sich keine Sorgen zu machen
maar sy het besluit om nie onrustig te wees nie
Sie beschloss, in der kurzen Zeit, die ihr noch zu leben blieb, stark zu sein
sy het besluit om sterk te wees vir die bietjie tyd wat sy oor het om te lewe
weil sie fest davon überzeugt war, dass das Biest sie fressen würde
omdat sy vas geglo het die dier sou haar eet
Sie dachte jedoch, sie könnte genauso gut den Palast erkunden
sy het egter gedink sy kan net sowel die paleis verken
und sie wollte das schöne Schloss besichtigen
en sy wou die pragtige kasteel bekyk
ein Schloss, das sie bewundern musste
'n kasteel wat sy nie kon help om te bewonder nie
Es war ein wunderbar angenehmer Palast
dit was 'n heerlike aangename paleis
und sie war äußerst überrascht, als sie eine Tür sah
en sy was uiters verbaas om 'n deur te sien
und über der Tür stand, dass es ihr Zimmer sei

en oor die deur was geskryf dat dit haar kamer was
sie öffnete hastig die Tür
sy maak die deur haastig oop
und sie war ganz geblendet von der Pracht des Raumes
en sy was nogal verblind deur die prag van die kamer
was ihre Aufmerksamkeit vor allem auf sich zog, war eine große Bibliothek
wat hoofsaaklik haar aandag getrek het, was 'n groot biblioteek
ein Cembalo und mehrere Notenbücher
'n klavesimbel en verskeie musiekboeke
„Nun", sagte sie zu sich selbst
"Wel," sê sy vir haarself
„Ich sehe, das Biest wird meine Zeit nicht verstreichen lassen"
"Ek sien die dier sal nie my tyd swaar laat hang nie"
dann dachte sie über ihre Situation nach
toe besin sy by haarself oor haar situasie
„Wenn ich einen Tag bleiben sollte, wäre das alles nicht hier"
"As ek bedoel was om 'n dag te bly, sou dit alles nie hier gewees het nie."
diese Überlegung gab ihr neuen Mut
hierdie oorweging het haar met nuwe moed besiel
und sie nahm ein Buch aus ihrer neuen Bibliothek
en sy het 'n boek uit haar nuwe biblioteek geneem
und sie las diese Worte in goldenen Buchstaben:
en sy lees hierdie woorde in goue letters:
„Begrüße Schönheit, vertreibe die Angst"
"Welkom skoonheid, verban vrees"
„Du bist hier Königin und Herrin"
"Jy is koningin en minnares hier"
„Sprich deine Wünsche aus, sprich deinen Willen aus"
"Spreek jou wense, spreek jou wil"
„Schneller Gehorsam begegnet hier Ihren Wünschen"
"Vinnige gehoorsaamheid voldoen hier aan jou wense"

"Ach", sagte sie mit einem Seufzer
"Ai," sê sy met 'n sug
„Am meisten wünsche ich mir, meinen armen Vater zu sehen"
"Die meeste van alles wil ek my arme pa sien"
„und ich würde gerne wissen, was er tut"
"en ek wil graag weet wat hy doen"
Kaum hatte sie das gesagt, bemerkte sie den Spiegel
Sodra sy dit gesê het, het sy die spieël opgemerk
zu ihrem großen Erstaunen sah sie ihr eigenes Zuhause im Spiegel
tot haar groot verbasing sien sy haar eie huis in die spieël
Ihr Vater kam emotional erschöpft an
haar pa het emosioneel uitgeput opgedaag
Ihre Schwestern gingen ihm entgegen
haar susters het hom gaan ontmoet
trotz ihrer Versuche, traurig zu wirken, war ihre Freude sichtbar
ten spyte van hul pogings om bedroef te voorkom, was hul vreugde sigbaar
einen Moment später war alles verschwunden
'n oomblik later het alles verdwyn
und auch die Befürchtungen der Schönheit verschwanden
en skoonheid se bekommernisse het ook verdwyn
denn sie wusste, dass sie dem Tier vertrauen konnte
want sy het geweet sy kan die dier vertrou
Mittags fand sie das Abendessen fertig
Die middag het sy aandete gereed gekry
sie setzte sich an den Tisch
sy gaan sit by die tafel
und sie wurde mit einem Musikkonzert unterhalten
en sy is vermaak met 'n konsert van musiek
obwohl sie niemanden sehen konnte
al kon sy niemand sien nie
abends setzte sie sich wieder zum Abendessen
saans het sy weer aangesit vir aandete

diesmal hörte sie das Geräusch, das das Tier machte
hierdie keer hoor sy die geraas wat die dier gemaak het
und sie konnte nicht anders, als Angst zu haben
en sy kon nie help om verskrik te wees nie
"Schönheit", sagte das Monster
"skoonheid," sê die monster
"erlaubst du mir, mit dir zu essen?"
"laat jy my toe om saam met jou te eet?"
"Mach, was du willst", antwortete die Schönheit zitternd
"maak soos jy wil," antwoord skoonheid bewend
„Nein", antwortete das Tier
"Nee," antwoord die dier
„Du allein bist hier die Herrin"
"jy alleen is minnares hier"
„Sie können mich wegschicken, wenn ich Ärger mache"
"Jy kan my wegstuur as ek lastig is"
„schick mich fort, und ich werde mich sofort zurückziehen"
"stuur my weg en ek sal dadelik onttrek"
„Aber sagen Sie mir: Finden Sie mich nicht sehr hässlich?"
"Maar sê vir my; dink jy nie ek is baie lelik nie?"
„Das stimmt", sagte die Schönheit
"Dit is waar," sê skoonheid
„Ich kann nicht lügen"
"Ek kan nie 'n leuen vertel nie"
„aber ich glaube, Sie sind sehr gutmütig"
"maar ek glo jy is baie goed van aard"
„Das bin ich tatsächlich", sagte das Monster
"Ek is inderdaad," sê die monster
„Aber abgesehen von meiner Hässlichkeit habe ich auch keinen Verstand"
"Maar behalwe vir my lelikheid, het ek ook geen sin nie"
„Ich weiß sehr wohl, dass ich ein dummes Wesen bin"
"Ek weet baie goed dat ek 'n simpel skepsel is"
„Es ist kein Zeichen von Torheit, so zu denken", antwortete die Schönheit
"Dit is geen teken van dwaasheid om so te dink nie,"

antwoord skoonheid
„Dann iss, Schönheit", sagte das Monster
"Eet dan, skoonheid," sê die monster
„Versuchen Sie, sich in Ihrem Palast zu amüsieren"
"probeer om jouself te vermaak in jou paleis"
"alles hier gehört dir"
"alles hier is joune"
„Und ich wäre sehr unruhig, wenn Sie nicht glücklich wären"
"en ek sal baie onrustig wees as jy nie gelukkig was nie"
„Sie sind sehr zuvorkommend", antwortete die Schönheit
"Jy is baie behulpsaam," antwoord skoonheid
„Ich gebe zu, ich freue mich über Ihre Freundlichkeit"
"Ek erken ek is tevrede met jou vriendelikheid"
„Und wenn ich über deine Freundlichkeit nachdenke, fallen mir deine Missbildungen kaum auf"
"en as ek jou goedhartigheid in ag neem, merk ek jou misvormings skaars op"
„Ja, ja", sagte das Tier, „mein Herz ist gut
"Ja, ja," sê die dier, "my hart is goed
„Aber obwohl ich gut bin, bin ich immer noch ein Monster"
"maar hoewel ek goed is, is ek steeds 'n monster"
„Es gibt viele Männer, die diesen Namen mehr verdienen als Sie."
"Daar is baie mans wat daardie naam meer verdien as jy"
„und ich bevorzuge dich, so wie du bist"
"en ek verkies jou net soos jy is"
„und ich ziehe dich denen vor, die ein undankbares Herz verbergen"
"en ek verkies jou meer as die wat 'n ondankbare hart verberg"
"Wenn ich nur etwas Verstand hätte", antwortete das Biest
"as ek maar 'n bietjie verstand gehad het," antwoord die dier
„Wenn ich vernünftig wäre, würde ich Ihnen als Dank ein schönes Kompliment machen"
"As ek verstand gehad het, sou ek 'n goeie kompliment maak om jou te bedank"

"aber ich bin so langweilig"
"maar ek is so dof"
„Ich kann nur sagen, dass ich Ihnen zu großem Dank verpflichtet bin"
"Ek kan net sê ek is baie verplig teenoor jou"
Schönheit aß ein herzhaftes Abendessen
skoonheid het 'n stewige aandete geëet
und sie hatte ihre Angst vor dem Monster fast überwunden
en sy het amper haar vrees vir die monster oorwin
aber sie wollte ohnmächtig werden, als das Biest ihr die nächste Frage stellte
maar sy wou flou word toe die dier haar die volgende vraag vra
"Schönheit, willst du meine Frau werden?"
"skoonheid, sal jy my vrou wees?"
es dauerte eine Weile, bis sie antworten konnte
sy het 'n rukkie geneem voordat sy kon antwoord
weil sie Angst hatte, ihn wütend zu machen
omdat sy bang was om hom kwaad te maak
Schließlich sagte sie jedoch "nein, Biest"
uiteindelik het sy egter gesê "nee, dier"
sofort zischte das arme Monster ganz fürchterlich
dadelik sis die arme monster baie skrikwekkend
und der ganze Palast hallte
en die hele paleis het weerklink
aber die Schönheit erholte sich bald von ihrem Schrecken
maar skoonheid het gou herstel van haar skrik
denn das Tier sprach wieder mit trauriger Stimme
want die dier het weer met 'n treurige stem gepraat
„Dann leb wohl, Schönheit"
"toesiens, skoonheid"
und er drehte sich nur ab und zu um
en hy het net nou en dan teruggedraai
um sie anzusehen, als er hinausging
om na haar te kyk terwyl hy uitgaan
jetzt war die Schönheit wieder allein

nou was skoonheid weer alleen
Sie empfand großes Mitgefühl
sy het 'n groot mate van deernis gevoel
„Ach, es ist tausendmal schade"
"Ai, dit is 'n duisend jammerte"
„Etwas, das so gutmütig ist, sollte nicht so hässlich sein"
"enigiets so goed van aard moet nie so lelik wees nie"
Schönheit verbrachte drei Monate sehr zufrieden im Palast
skoonheid het drie maande baie tevrede in die paleis deurgebring
jeden Abend stattete ihr das Biest einen Besuch ab
elke aand het die dier haar besoek afgelê
und sie redeten beim Abendessen
en hulle het tydens die aandete gepraat
Sie sprachen mit gesundem Menschenverstand
hulle het met gesonde verstand gepraat
aber sie sprachen nicht mit dem, was man als geistreich bezeichnet
maar hulle het nie gepraat met wat mense geestigheid noem nie
Schönheit entdeckte immer einen wertvollen Charakter im Biest
skoonheid het altyd een of ander waardevolle karakter in die dier ontdek
und sie hatte sich an seine Missbildung gewöhnt
en sy het gewoond geraak aan sy misvorming
sie fürchtete sich nicht mehr vor seinem Besuch
sy het nie meer die tyd van sy besoek gevrees nie
jetzt schaute sie oft auf die Uhr
nou het sy gereeld op haar horlosie gekyk
und sie konnte es kaum erwarten, bis es neun Uhr war
en sy kon nie wag dat dit nege-uur is nie
denn das Tier kam immer zu dieser Stunde
want die dier het nooit gemis om op daardie uur te kom nie
Es gab nur eine Sache, die Schönheit betraf
daar was net een ding wat betrekking het op skoonheid

jeden Abend, bevor sie ins Bett ging, stellte ihr das Biest die gleiche Frage
elke aand voor sy gaan slaap het die dier haar dieselfde vraag gevra
Das Monster fragte sie, ob sie seine Frau werden wolle
die monster het haar gevra of sy sy vrou sou wees
Eines Tages sagte sie zu ihm: „Biest, du machst mir große Sorgen."
eendag sê sy vir hom: "bees, jy maak my baie onrustig"
„Ich wünschte, ich könnte einwilligen, dich zu heiraten"
"Ek wens ek kon instem om met jou te trou"
„Aber ich bin zu aufrichtig, um dir zu glauben zu machen, dass ich dich heiraten würde"
"maar ek is te opreg om jou te laat glo ek sal met jou trou"
„Unsere Ehe wird nie stattfinden"
"ons huwelik sal nooit gebeur nie"
„Ich werde dich immer als Freund sehen"
"Ek sal jou altyd as 'n vriend sien"
„Bitte versuchen Sie, damit zufrieden zu sein"
"Probeer asseblief om hiermee tevrede te wees"
„Damit muss ich zufrieden sein", sagte das Tier
"Hiermee moet ek tevrede wees," sê die dier
„Ich kenne mein eigenes Unglück"
"Ek ken my eie ongeluk"
„aber ich liebe dich mit der zärtlichsten Zuneigung"
"maar ek het jou lief met die teerste liefde"
„Ich sollte mich jedoch als glücklich betrachten"
"Ek behoort myself egter as gelukkig te beskou"
"und ich würde mich freuen, wenn du hier bleibst"
"en ek moet bly wees dat jy hier sal bly"
„versprich mir, mich nie zu verlassen"
"belowe my om my nooit te verlaat nie"
Schönheit errötete bei diesen Worten
skoonheid bloos vir hierdie woorde
Eines Tages schaute die Schönheit in ihren Spiegel
eendag het skoonheid in haar spieël gekyk

ihr Vater hatte sich schreckliche Sorgen um sie gemacht
haar pa het hom siek vir haar bekommer
sie sehnte sich mehr denn je danach, ihn wiederzusehen
sy verlang meer as ooit om hom weer te sien
„Ich könnte versprechen, dich nie ganz zu verlassen"
"Ek kan belowe om jou nooit heeltemal te verlaat nie"
„aber ich habe so ein großes Verlangen, meinen Vater zu sehen"
"maar ek het so 'n groot begeerte om my pa te sien"
„Ich wäre unendlich verärgert, wenn Sie nein sagen würden"
"Ek sal onmoontlik ontsteld wees as jy nee sê"
"Ich würde lieber selbst sterben", sagte das Monster
"Ek moes liewer self sterf," sê die monster
„Ich würde lieber sterben, als dir Unbehagen zu bereiten"
"Ek sal eerder sterf as om jou ongemaklik te laat voel"
„Ich werde dich zu deinem Vater schicken"
"Ek sal jou na jou pa toe stuur"
„Du sollst bei ihm bleiben"
"jy sal by hom bly"
"und dieses unglückliche Tier wird stattdessen vor Kummer sterben"
"en hierdie ongelukkige dier sal eerder met hartseer sterf"
"Nein", sagte die Schönheit weinend
"Nee," sê skoonheid huilend
„Ich liebe dich zu sehr, um die Ursache deines Todes zu sein"
"Ek is te lief vir jou om die oorsaak van jou dood te wees"
„Ich verspreche Ihnen, in einer Woche wiederzukommen"
"Ek gee jou my belofte om oor 'n week terug te keer"
„Du hast mir gezeigt, dass meine Schwestern verheiratet sind"
"Jy het my gewys dat my susters getroud is"
„und meine Brüder sind zur Armee gegangen"
"en my broers het na die weermag gegaan"
"Lass mich eine Woche bei meinem Vater bleiben, da er

allein ist"
"laat ek 'n week by my pa bly, want hy is alleen"
"Morgen früh wirst du dort sein", sagte das Tier
"Môreoggend sal jy daar wees," sê die dier
„Aber denk an dein Versprechen"
"maar onthou jou belofte"
„Sie brauchen Ihren Ring nur auf den Tisch zu legen, bevor Sie zu Bett gehen."
"Jy hoef net jou ring op 'n tafel te lê voor jy gaan slaap"
"Und dann werdet ihr vor dem Morgen zurückgebracht"
"en dan sal jy voor die môre teruggebring word"
„Lebe wohl, liebe Schönheit", seufzte das Tier
"Vaarwel liewe skoonheid," sug die dier
Die Schönheit ging an diesem Abend sehr traurig ins Bett
skoonheid het daardie aand baie hartseer gaan slaap
weil sie das Tier nicht so besorgt sehen wollte
want sy wou nie die dier so bekommerd sien nie
am nächsten Morgen fand sie sich im Haus ihres Vaters wieder
die volgende oggend het sy haarself by haar pa se huis bevind
sie läutete eine kleine Glocke neben ihrem Bett
sy lui 'n klokkie langs haar bed
und das Dienstmädchen stieß einen lauten Schrei aus
en die diensmeisie het 'n harde gil gegee
und ihr Vater rannte nach oben
en haar pa het boontoe gehardloop
er dachte, er würde vor Freude sterben
hy het gedink hy gaan van blydskap sterf
er hielt sie eine Viertelstunde lang in seinen Armen
hy het haar vir 'n kwartier in sy arms gehou
irgendwann waren die ersten Grüße vorbei
uiteindelik was die eerste groete verby
Schönheit begann daran zu denken, aus dem Bett zu steigen
skoonheid het begin dink om uit die bed op te staan
aber sie merkte, dass sie keine Kleidung mitgebracht hatte
maar sy het besef sy het geen klere saamgebring nie

aber das Dienstmädchen sagte ihr, sie habe eine Kiste gefunden
maar die bediende het vir haar gesê sy het 'n boks gekry
der große Koffer war voller Kleider und Kleider
die groot kattebak was vol togas en rokke
jedes Kleid war mit Gold und Diamanten bedeckt
elke rok was bedek met goud en diamante
Schönheit dankte dem Tier für seine freundliche Pflege
skoonheid bedank dier vir sy vriendelike sorg
und sie nahm eines der schlichtesten Kleider
en sy het een van die eenvoudigste van die rokke geneem
Die anderen Kleider wollte sie ihren Schwestern schenken
sy was van plan om die ander rokke vir haar susters te gee
aber bei diesem Gedanken verschwand die Kleidertruhe
maar by daardie gedagte het die kis klere verdwyn
Das Biest hatte darauf bestanden, dass die Kleidung nur für sie sei
Die dier het volgehou die klere is net vir haar
ihr Vater sagte ihr, dass dies der Fall sei
haar pa het vir haar gesê dit is die geval
und sofort kam die Kleidertruhe wieder zurück
en dadelik het die klerekas weer teruggekom
Schönheit kleidete sich mit ihren neuen Kleidern
skoonheid het haarself aangetrek met haar nuwe klere
und in der Zwischenzeit gingen die Mägde los, um ihre Schwestern zu finden
en intussen het diensmeisies haar susters gaan soek
Ihre beiden Schwestern waren mit ihren Ehemännern
albei haar susters was by hul mans
aber ihre beiden Schwestern waren sehr unglücklich
maar albei haar susters was baie ongelukkig
Ihre älteste Schwester hatte einen sehr gutaussehenden Herrn geheiratet
haar oudste suster het met 'n baie aantreklike heer getrou
aber er war so selbstgefällig, dass er seine Frau vernachlässigte

maar hy was so lief vir homself dat hy sy vrou verwaarloos het

Ihre zweite Schwester hatte einen geistreichen Mann geheiratet
haar tweede suster het met 'n geestige man getrou
aber er nutzte seinen Witz, um die Leute zu quälen
maar hy het sy geestigheid gebruik om mense te pynig
und am meisten quälte er seine Frau
en hy het sy vrou die meeste van alles gepynig
Die Schwestern der Schönheit sahen sie wie eine Prinzessin gekleidet
skoonheid se susters het haar soos 'n prinses geklee gesien
und sie waren krank vor Neid
en hulle was siek van afguns
jetzt war sie schöner als je zuvor
nou was sy mooier as ooit
ihr liebevolles Verhalten konnte ihre Eifersucht nicht unterdrücken
haar liefdevolle gedrag kon nie hul jaloesie smoor nie
Sie erzählte ihnen, wie glücklich sie mit dem Tier war
sy het vir hulle vertel hoe gelukkig sy was met die dier
und ihre Eifersucht war kurz vor dem Platzen
en hulle jaloesie was gereed om te bars
Sie gingen in den Garten, um über ihr Unglück zu weinen
Hulle het in die tuin afgegaan om oor hul ongeluk te huil
„Inwiefern ist dieses kleine Geschöpf besser als wir?"
"Op watter manier is hierdie skepseltjie beter as ons?"
„Warum sollte sie so viel glücklicher sein?"
"Hoekom moet sy soveel gelukkiger wees?"
„Schwester", sagte die ältere Schwester
"Suster," sê die ouer suster
„Mir ist gerade ein Gedanke gekommen"
"'n Gedagte het net my kop getref"
„Versuchen wir, sie länger als eine Woche hier zu behalten"
"laat ons probeer om haar vir meer as 'n week hier te hou"
„Vielleicht macht das das dumme Monster wütend"

"miskien sal dit die simpel monster woedend maak"
„weil sie ihr Wort gebrochen hätte"
"want sy sou haar woord gebreek het"
"und dann könnte er sie verschlingen"
"en dan kan hy haar verslind"
"Das ist eine tolle Idee", antwortete die andere Schwester
"dis 'n goeie idee," antwoord die ander suster
„**Wir müssen ihr so viel Freundlichkeit wie möglich entgegenbringen**"
"ons moet haar soveel vriendelikheid as moontlik betoon"
Die Schwestern fassten den Entschluss
die susters het dit hul besluit gemaak
und sie verhielten sich sehr liebevoll gegenüber ihrer Schwester
en hulle het baie liefdevol teenoor hulle suster opgetree
Die arme Schönheit weinte vor Freude über all ihre Freundlichkeit
arme skoonheid het geween van blydskap van al hulle goedhartigheid
Als die Woche um war, weinten sie und rauften sich die Haare
toe die week verby was, het hulle gehuil en hul hare geskeur
es schien ihnen so leid zu tun, sich von ihr zu trennen
hulle het so jammer gelyk om van haar te skei
und die Schönheit versprach, noch eine Woche länger zu bleiben
en skoonheid het belowe om 'n week langer te bly
In der Zwischenzeit konnte die Schönheit nicht umhin, über sich selbst nachzudenken
Intussen kon skoonheid nie help om oor haarself na te dink nie
sie machte sich Sorgen darüber, was sie dem armen Tier antat
sy was bekommerd wat sy aan die arme dier doen
Sie wusste, dass sie ihn aufrichtig liebte
sy weet dat sy opreg lief was vir hom

und sie sehnte sich wirklich danach, ihn wiederzusehen
en sy het baie verlang om hom weer te sien
Auch die zehnte Nacht verbrachte sie bei ihrem Vater
die tiende nag het sy ook by haar pa deurgebring
sie träumte, sie sei im Schlossgarten
sy het gedroom sy is in die paleistuin
und sie träumte, sie sähe das Tier ausgestreckt im Gras liegen
en sy het gedroom sy sien die dier uitgestrek op die gras
er schien ihr mit sterbender Stimme Vorwürfe zu machen
dit het gelyk of hy haar met 'n sterwende stem verwyt
und er warf ihr Undankbarkeit vor
en hy het haar van ondankbaarheid beskuldig
Schönheit erwachte aus ihrem Schlaf
skoonheid het uit haar slaap wakker geword
und sie brach in Tränen aus
en sy het in trane uitgebars
„Bin ich nicht sehr böse?"
"Is ek nie baie goddeloos nie?"
„War es nicht grausam von mir, so unfreundlich gegenüber dem Tier zu sein?"
"Was dit nie wreed van my om so onvriendelik teenoor die dier op te tree nie?"
„Das Biest hat alles getan, um mir zu gefallen"
"dier het alles gedoen om my te behaag"
"Ist es seine Schuld, dass er so hässlich ist?"
"Is dit sy skuld dat hy so lelik is?"
„Ist es seine Schuld, dass er so wenig Verstand hat?"
"Is dit sy skuld dat hy so min verstand het?"
„Er ist freundlich und gut, und das genügt"
"Hy is vriendelik en goed, en dit is voldoende"
„Warum habe ich mich geweigert, ihn zu heiraten?"
"Hoekom het ek geweier om met hom te trou?"
„Ich sollte mit dem Monster glücklich sein"
"Ek behoort gelukkig te wees met die monster"
„Schau dir die Männer meiner Schwestern an"

"kyk na die mans van my susters"
„Weder Witz noch Schönheit machen sie gut"
"nóg geestigheid, nóg 'n mooi wese maak hulle goed nie"
„Keiner ihrer Ehemänner macht sie glücklich"
"nie een van hul mans maak hulle gelukkig nie"
„sondern Tugend, Sanftmut und Geduld"
"maar deug, soetheid van humeur en geduld"
„Diese Dinge machen eine Frau glücklich"
"Hierdie dinge maak 'n vrou gelukkig"
„und das Tier hat all diese wertvollen Eigenschaften"
"en die dier het al hierdie waardevolle eienskappe"
„es ist wahr, ich empfinde keine Zärtlichkeit und Zuneigung für ihn"
"dit is waar; ek voel nie die teerheid van liefde vir hom nie"
„aber ich empfinde für ihn die allergrößte Dankbarkeit"
"maar ek vind ek het die grootste dankbaarheid vir hom"
„und ich habe die höchste Wertschätzung für ihn"
"en ek het die hoogste agting van hom"
"und er ist mein bester Freund"
"en hy is my beste vriend"
„Ich werde ihn nicht unglücklich machen"
"Ek sal hom nie ellendig maak nie"
„Wenn ich so undankbar wäre, würde ich mir das nie verzeihen"
"As ek so ondankbaar sou wees, sou ek myself nooit vergewe nie"
Schönheit legte ihren Ring auf den Tisch
skoonheid het haar ring op die tafel gesit
und sie ging wieder zu Bett
en sy het weer gaan slaap
kaum war sie im Bett, da schlief sie ein
skaars was sy in die bed voor sy aan die slaap geraak het
Sie wachte am nächsten Morgen wieder auf
sy het die volgende oggend weer wakker geword
und sie war überglücklich, sich im Palast des Tieres wiederzufinden

en sy was verheug om haarself in die dier se paleis te bevind
Sie zog eines ihrer schönsten Kleider an, um ihm zu gefallen
sy het een van haar mooiste rokke aangetrek om hom tevrede te stel
und sie wartete geduldig auf den Abend
en sy het geduldig gewag vir die aand
kam die ersehnte Stunde
uiteindelik het die verlangde uur gekom
die Uhr schlug neun, doch kein Tier erschien
die klok het nege geslaan, maar geen dier het verskyn nie
Schönheit befürchtete dann, sie sei die Ursache seines Todes gewesen
skoonheid het toe gevrees dat sy die oorsaak van sy dood was
Sie rannte weinend durch den ganzen Palast
sy hardloop huilend oral om die paleis
nachdem sie ihn überall gesucht hatte, erinnerte sie sich an ihren Traum
nadat sy oral na hom gesoek het, het sy haar droom onthou
und sie rannte zum Kanal im Garten
en sy hardloop na die kanaal in die tuin
Dort fand sie das arme Tier ausgestreckt
daar het sy die arme dier uitgestrek gevind
und sie war sicher, dass sie ihn getötet hatte
en sy was seker sy het hom doodgemaak
sie warf sich ohne Furcht auf ihn
sy het haar sonder enige vrees oor hom gegooi
sein Herz schlug noch
sy hart het steeds geklop
sie holte etwas Wasser aus dem Kanal
sy het bietjie water uit die kanaal gaan haal
und sie goss das Wasser über seinen Kopf
en sy het die water op sy kop gegooi
Das Tier öffnete seine Augen und sprach mit der Schönheit
die dier het sy oë oopgemaak en met skoonheid gepraat
„Du hast dein Versprechen vergessen"
"Jy het jou belofte vergeet"

„Es hat mir das Herz gebrochen, dich verloren zu haben"
"Ek was so hartseer om jou te verloor het"
„Ich beschloss, zu hungern"
"Ek het besluit om myself uit te honger"
„aber ich habe das Glück, Sie wiederzusehen"
"maar ek het die geluk om jou weer te sien"
„so habe ich das Vergnügen, zufrieden zu sterben"
"dus het ek die plesier om tevrede te sterf"
„Nein, liebes Tier", sagte die Schönheit, „du darfst nicht sterben"
"Nee, liewe dier," sê skoonheid, "jy mag nie sterf nie"
„Lebe, um mein Ehemann zu sein"
"Leef om my man te wees"
„Von diesem Augenblick an reiche ich dir meine Hand"
"van hierdie oomblik af gee ek jou my hand"
„und ich schwöre, niemand anderes als Dein zu sein"
"en ek sweer om niemand anders as joune te wees nie"
„Ach! Ich dachte, ich hätte nur Freundschaft für dich."
"Ai! Ek het gedink ek het net 'n vriendskap vir jou"
"aber der Kummer, den ich jetzt fühle, überzeugt mich;"
"maar die hartseer wat ek nou voel, oortuig my;"
„Ich kann nicht ohne dich leben"
"Ek kan nie sonder jou lewe nie"
Schönheit hatte diese Worte kaum gesagt, als sie ein Licht sah
skoonheid het hierdie woorde skaars gesê toe sy 'n lig sien
der Palast funkelte im Licht
die paleis het geskitter van lig
Feuerwerk erleuchtete den Himmel
vuurwerke het die lug verlig
und die Luft erfüllt mit Musik
en die lug gevul met musiek
alles kündigte ein großes Ereignis an
alles het kennis gegee van een of ander groot gebeurtenis
aber nichts konnte ihre Aufmerksamkeit fesseln
maar niks kon haar aandag vashou nie

sie wandte sich ihrem lieben Tier zu
sy draai na haar dierbare dier
das Tier, vor dem sie vor Angst zitterte
die dier vir wie sy gebewe het van vrees
aber ihre Überraschung über das, was sie sah, war groß!
maar haar verbasing was groot oor wat sy gesien het!
das Tier war verschwunden
die dier het verdwyn
stattdessen sah sie den schönsten Prinzen
in plaas daarvan het sy die lieflikste prins gesien
sie hatte den Zauber beendet
sy het 'n einde aan die towery gemaak
ein Zauber, unter dem er einem Tier ähnelte
'n betowering waaronder hy soos 'n dier gelyk het
dieser Prinz war all ihre Aufmerksamkeit wert
hierdie prins was al haar aandag werd
aber sie konnte nicht anders und musste fragen, wo das Biest war
maar sy kon nie anders as om te vra waar die dier is nie
„Du siehst ihn zu deinen Füßen", sagte der Prinz
"Jy sien hom aan jou voete," sê die prins
„Eine böse Fee hatte mich verdammt"
"'n Bose fee het my veroordeel"
„Ich sollte diese Gestalt behalten, bis eine wunderschöne Prinzessin einwilligte, mich zu heiraten."
"Ek moes in daardie vorm bly totdat 'n pragtige prinses ingestem het om met my te trou."
„Die Fee hat mein Verständnis verborgen"
"die fee het my begrip verberg"
„Du warst der Einzige, der großzügig genug war, um von meiner guten Laune bezaubert zu sein."
"Jy was die enigste een wat vrygewig genoeg was om bekoor te word deur die goedheid van my humeur"
Schönheit war angenehm überrascht
skoonheid was gelukkig verras
und sie gab dem bezaubernden Prinzen ihre Hand

en sy het die bekoorlike prins haar hand gegee
Sie gingen zusammen ins Schloss
hulle het saam in die kasteel gegaan
und die Schöne war überglücklich, ihren Vater im Schloss zu finden
en skoonheid was verheug om haar pa in die kasteel te vind
und ihre ganze Familie war auch da
en haar hele gesin was ook daar
sogar die schöne Dame, die in ihrem Traum erschienen war, war da
selfs die pragtige dame wat in haar droom verskyn het, was daar
"Schönheit", sagte die Dame aus dem Traum
"skoonheid," sê die dame uit die droom
„Komm und empfange deine Belohnung"
"kom en ontvang jou beloning"
„Sie haben die Tugend dem Witz oder dem Aussehen vorgezogen"
"jy het deug bo geestigheid of voorkoms verkies"
„und Sie verdienen jemanden, in dem diese Eigenschaften vereint sind"
"en jy verdien iemand in wie hierdie eienskappe verenig is"
„Du wirst eine großartige Königin sein"
"jy gaan 'n groot koningin wees"
„Ich hoffe, der Thron wird deine Tugend nicht schmälern"
"Ek hoop nie die troon sal jou deug verminder nie"
Dann wandte sich die Fee an die beiden Schwestern
toe draai die feetjie na die twee susters
„Ich habe in eure Herzen geblickt"
"Ek het in julle harte gesien"
„und ich kenne die ganze Bosheit, die in euren Herzen steckt"
"en ek ken al die boosheid wat jou harte bevat"
„Ihr beide werdet zu Statuen"
"Julle twee sal standbeelde word"
„Aber ihr werdet euren Verstand bewahren"

"maar jy sal jou gedagtes behou"
„Du sollst vor den Toren des Palastes deiner Schwester stehen"
"Jy moet by die poorte van jou suster se paleis staan"
„Das Glück deiner Schwester soll deine Strafe sein"
"Jou suster se geluk sal jou straf wees"
„Sie werden nicht in Ihren früheren Zustand zurückkehren können"
"jy sal nie na jou vorige state kan terugkeer nie"
„es sei denn, Sie beide geben Ihre Fehler zu"
"tensy julle albei jul foute erken"
„Aber ich sehe voraus, dass ihr immer Statuen bleiben werdet"
"maar ek voorsien dat julle altyd standbeelde sal bly"
„Stolz, Zorn, Völlerei und Faulheit werden manchmal besiegt"
"trots, woede, vraatsug en ledigheid word soms oorwin"
„aber die Bekehrung neidischer und böswilliger Gemüter sind Wunder"
"maar die bekering van afgunstige en kwaadwillige verstande is wonderwerke"
sofort strich die Fee mit ihrem Zauberstab
dadelik het die feetjie 'n beroerte met haar towerstaf gegee
und im nächsten Augenblick waren alle im Saal entrückt
en in 'n oomblik is almal wat in die saal was, vervoer
Sie waren in die Herrschaftsgebiete des Fürsten eingedrungen
hulle het in die prins se heerskappy ingegaan
die Untertanen des Prinzen empfingen ihn mit Freude
die prins se onderdane het hom met blydskap ontvang
der Priester heiratete die Schöne und das Biest
die priester het met skoonheid en die dier getrou
und er lebte viele Jahre mit ihr
en hy het baie jare by haar gewoon
und ihr Glück war vollkommen
en hulle geluk was volkome

weil ihr Glück auf Tugend beruhte
omdat hulle geluk op deugde gegrond was

                      Das Ende
                      Die Einde